Héctor Williams Zorrilla

El árbol de tu vida
Tu mente es el terreno, tus pensamientos son las semillas

Primera edición
Julio de 2013
Estados Unidos de América

Si deseas comunicarte con el autor de este libro para comentarios, preguntas, sugerencias, hazlo mediante:

www.hectorwilliamszorrilla.com

hectorwzorrilla@gmail.com

Otros libros de este autor

Recetas para sanar tu corazón
(Principios simples para vivir la vida)

Psicología sexual de la pareja
(Recetas para vivir tu vida sexual a plenitud)

La psicología del amor-Volumen 2
(El amor romántico: aprender a amar)

La psicología del amor-Volumen 1
(El amor romántico: pasión, romance e intimidad)

Los reinos de la ternura
(Relatos cortos)

De amor y de sueños
(Relatos cortos)

Libros escritos con su esposa Clemencia Zorrilla:

Recetas para enriquecer tu matrimonio
(Como mantener las llamas del amor)

Recetas para enriquecer tu vida sexual
(Como disfrutar de tu sexualidad en el matrimonio)

«No hay nada más poderoso que una idea cuya hora de realizarse ha llegado».Víctor Hugo

«Un viaje de mil millas empieza con el primer paso».Tao Te Ching

ₒEl árbol de tu vida
(Tu mente es el terreno, tus pensamientos son las semillas)

Autor: Héctor Williams Zorrilla

Se efectuó el depósito de ley en la Biblioteca del Congreso de los Estados Unidos. Washington, D.C.

www.hectorwilliamszorrilla.com

hectorwzorrilla@gmail.com

©Library of Congress of United States of America

PRIMERA Edición – Julio, 2013
United States of America

Cubierta Flexible: ISBN 978-0-9841897-7-9

© 2013 PUBLICACIONES LIVING MISSION MINISTRIES, INC.
HÉCTOR WILLIAMS ZORRILLA
UNA MISIÓN PARA VIVIR, INC. (MIPAV)

hectorwzorrilla@gmail.com

ÍNDICE DE CONTENIDO
El árbol de tu vida
(Tu mente es el terreno, tus pensamientos son las semillas)

¡Tus pensamientos son semillas.

tu mente es el terreno donde ellos germinan!

Tus pensamientos poseen poderes creadores

Tu mente es como un jardín: las rosas y flores que siembras y cultivas, florecen

Dedicatoria

A mi esposa Clemencia.

A mis hijos:

Ysaac Loammi, Willian Nefty, Kirsis Janet y Melissa Stephanie.

A mi nieto Ysaac Junior

A la humanidad, particularmente a los lectores que ya son alumnos y están esperando al maestro en sus vidas diarias...

El árbol de tu vida
Tu mente es el terreno, tus pensamientos son las semillas

A manera de introducción

Escribí este libro casi de un tirón, pero me tomó mucho tiempo pensarlo y reflexionarlo. Empecé a adquirir consciencia del poder creador de mis pensamientos en el año 1994.

Yo vivía en Nueva York y usaba el tren subterráneo para transportarme. Un día venía en el tren, de pie, y de repente frente a mí vi un anuncio que me llamó a la atención. Lo leí, dos y tres veces. El anuncio decía: "Cree lo imposible. Entonces, ve y hazlo". (*"Believe the impossible. Then go and do it"*, en inglés).

Leer ese anuncio cambió por completo la manera como yo veía mis pensamientos. Comprendí por primera vez, que si yo creía en lo imposible, tenía entonces que hacer lo imposible posible en mi propia vida. El anuncio estaba auspiciado por una universidad privada del Estado de Nueva York, y anunciaba una maestría en administración de servicios sociales. Yo acaba de terminar un bachillerato, cuatro años de estudios universitarios, en una universidad de Nueva York, la misma que no había aceptado el que yo traje de mi país porque fue hecho en español. Al día siguiente me comuniqué con esa universidad del anuncio, me matriculé en la maestría anunciada, y dos (2) años más tarde me graduaba magna cum laude.

Yo era una prueba viviente de que el árbol de mi vida crece en el terreno de mi mente, como producto de las semillas de los pensamientos que yo siembre en ese terreno. Haciendo una retrospectiva, he descubierto que eso es lo que ha ocurrido a lo largo de toda mi vida, positiva o negativamente.

Un día del año 2013, diecisiete años después de mi experiencia en Nueva York, sentado en mi oficina en el Estado de Florida, decidí empezar a escribir este libro. Mi intención al escribirlo es que todos los lectores entiendan y apliquen esta verdad a sus vidas. Te aseguro que los beneficios de tus siembras conscientes de pensamientos te traerán grandes satisfacciones.

El árbol de tu vida crece en el terreno de tu mente, como producto directo de las semillas de los pensamientos que tú haces en ese terreno. Los frutos de esas siembras los cosechas ineludiblemente. La vida que vives hoy, es el árbol que contiene los frutos de todos los pensamientos que has sembrado en el pasado. La vida que vivirás mañana, será el árbol que contenga los frutos de todos los pensamientos que estás sembrando ahora. Esta es la ley primaria de los pensamientos y de la vida, no importa que tú creas en ella o no. Como la ley de la gravedad, la ley de los pensamientos se ejecuta en tu vida diaria a pesar de tus creencias conscientes o inconscientes.

Capítulo introductorio

**¡Tus pensamientos son semillas,
tu mente es el terreno donde ellos germinan!**

Asegúrate que tus pensamientos están limpios de telarañas. La energía más poderosa que posees son tus pensamientos. Con ellos creas todo lo que eres y todo lo que haces. No importa que hagas esas creaciones con pensamientos conscientes o inconscientes. Cada emoción que sientes, cada palabra que dices y cada acto que manifiestas, son productos o resultados de tus pensamientos.

(Una versión de este capítulo es parte del libro *Recetas para sanar tu corazón: Principios simples para vivir la vida,* escrito por este mismo autor)

Los pensamientos que permites en tu mente son las semillas que producen todo lo que haces y todo lo que eres. Tu pensamiento es una energía creadora y creativa. Cada pensamiento que tienes crea algo. Las maneras como te vistes, las comidas que comes, tus formas de amar, como ejerces tu profesión y haces tu trabajo. Todo lo que haces consciente e inconsciente, es creado por algún pensamiento que tienes y mantienes en tu mente consistentemente.

Y no creas que esto sea una analogía o una metáfora literaria. Tu mente, que es lo último que muere en ti, y los pensamientos que se producen en ella, son los reales responsables de todo lo que eres y haces literalmente. Todas las ciencias humanas de hoy comprueban esta verdad.

Tienes que aprender a valorar y a manejar para tu beneficio la energía de tu mente. Y hazlo temprano en tu vida mientras esta energía florece y se expande. Si eres un adolescente y lees este libro, todavía tu cerebro físico, el asiento fisiológico de tu mente, está en desarrollo y crecimiento. Si empiezas a usar con efectividad el poder de la energía de tu mente y de tus pensamientos para crear lo que quieres en tu vida, prácticamente todo te es posible. Tu mente y tus pensamientos no tienen límites para lo que puedes lograr y alcanzar. Y no necesitas ni siquiera utilizar todo su poder. Con el treinta por ciento que uses, podrás mover montañas literalmente. El noventa y cinco por ciento de todos los seres humanos solo usan un máximo del diez por ciento de las capacidades mentales.

Las mayorías de las creaciones que haces con tus pensamientos son inconscientes. Por eso, cuando las ves materializadas en tu vida real no te gustan. Porque has creado cosas en tu vida que no deseas que estén en ella. Tú tienes el poder de crear cosas que deseas tener en tu vida y de hacerlo conscientemente.

Tienes que aprender a usar las semillas de tus pensamientos para crear las cosas que deseas ver en tu vida. Para lograrlo, necesitas de varias herramientas y destrezas. Primero tienes que disciplinar tus pensamientos, para que no produzcan y creen cosas sin sentido para ti. Tienes que aprender a dirigirlos hacia lo que tú quieres crear en tu vida de manera consciente. Tienes que aprender a manifestar pensamientos con propósitos, para que ellos creen cosas que tú quieres ver en tu vida diaria. Tienes que aprender a enfocar tus pensamientos hacia tus propósitos en la vida, tus sueños, tus metas y tus objetivos. Lo que tú piensas constantemente en tu mente es lo que se materializa en tu vida cotidiana.

Tus pensamientos contienen poderes creadores. Y siempre crean algo que tú puedes verlo en tu diario vivir. Desde que te despiertas y te levantas de la cama, empiezas a crear cosas con tus pensamientos. Si te desayunas o no, la vestimenta que usarás ese día, las primeras cosas que harás en tu trabajo. Luego te pasas el día creando cosas rutinarias e importantes, habituales y nuevas. Cada una de esas creaciones materiales existe primero en tus pensamientos, luego se materializan y se hacen realidades físicas y tangibles en tu vida cotidiana.

Tus pensamientos son el germen creador de todo lo que eres y de todo lo que haces. Y tú tienes el poder de decidir cuáles cosas quieres crear con tus pensamientos. Tus pensamientos son tuyos, te pertenecen, son de tu posesión. Ellos son la posesión más preciada que posees. Ellos son el tesoro creador más poderoso que tienes a tu disposición. Aprende a utilizar este poder creador para tu beneficio. Este es uno de los aprendizajes más valiosos que puedes adquirir durante toda tu vida sobre esta tierra.

El árbol de tu vida

Capítulo I

Tus pensamientos poseen poderes creadores.

Es parte de la sabiduría milenaria entender que los pensamientos contienen poderes creadores, pero millones de seres humanos no se apropian de esta verdad para crear la vida que desean vivir sobre esta tierra. A ti, lector, te ha llegado la hora de hacerlo.

Tus pensamientos son los maestros constructores de tu carácter y de tus circunstancias. La vida que tienes y que vives ahora no surgió al azar. Las situaciones y circunstancias que rodean tu vida no han aparecido en tu vida como actos fortuitos. Tú eres parte del universo, y él posee probabilidades, pero no desperdicios. El universo, incluyéndote a ti, funciona basado en propósitos y orden.

Todos tus pensamientos, los que tienes consciente e inconsciente, ejercen funciones creativas. Tú puedes ver todos tus pensamientos en acción, con solo observar los actos, hechos, situaciones y circunstancias tangibles o visibles que ellos crean en tu vida.

Te despiertas por la mañana, te pones de pie, caminas al baño y haces todo lo que tienes que hacer. Si tienes que ir al trabajo, te vistes con la ropa adecuada, te desayunas, y sales para tu trabajo. Todos esos actos (levantarse, acicalarse, desayunarse, salir a trabajar...) estuvieron primero en tu mente, en forma de pensamientos, antes de que se realizaran. Y todos los demás actos que realizas en el día, los siembras primero como pensamientos en el terreno de tu mente.

Tus pensamientos son poderosos. Y todos los pensamientos, sea que los elijas o no, crean algo visible y tangible en tu vida. Definitivamente, tu vida es el resultado natural de todos los pensamientos que eliges sembrar en el terreno de tu mente. Si siembras pensamientos de fe, positivos y optimistas, tu vida estará en la luz y llena de felicidad. Si siembras pensamientos de duda, negativos y pesimistas, tu vida estará en la ignorancia y llena de sufrimientos innecesarios. Siempre tienes la oportunidad de elegir. Puedes elegir vivir tu vida en iluminación y felicidad o puedes vivirla en ignorancia y sufrimientos innecesarios.

Eres literalmente lo que piensas acerca de ti, tu vida, las personas que te rodean y la vida en general. Por eso es muy importante que constante y conscientemente te hagas la pregunta: ¿qué tipo de semillas o pensamientos estoy sembrando en el terreno de mi mente?

Eres lo que piensas consistentemente, porque tus pensamientos son las semillas que siembras en el terreno de tu mente, y de esa siembra que haces surge el producto de tu vida. Asi que, los tipos de semillas de pensamientos que siembras en el terreno de tu mente son muy importantes. Por ejemplo, el carácter que tú exhibes es la suma de todos tus pensamientos. Todos los actos o conductos de tu vida brotan o se originan en las semillas de tus pensamientos.

Por lo tanto, si deseas que las ramas de la abundancia y la prosperidad crezcan en el árbol de tu vida, tienes que sembrar las semillas de la abundancia y la prosperidad; lo mismo tienes que hacer si deseas en el árbol de tu vida, las ramas del optimismo, la fe, la esperanza, el amor, la compasión, la paz, la luz, la creatividad, la sabiduría, y el entendimiento. El tipo de semillas que siembras (los pensamientos que permites en el terreno de tu mente) son los responsables de producir los actos, los hechos, las situaciones y las circunstancias que forman parte de tu vida. Tú cosechas la misma vida, con todas sus historias, que la vida que siembras con tus pensamientos. Definitivamente , tú eres lo que piensas.

Tus pensamientos poseen poderes creadores, de la misma manera que las semillas sembradas en terrenos fértiles germinan las plantas que contienen sus entrañas. Tus pensamientos, todos tus pensamientos, tienen el poder de germinar o producir los actos, conductas, situaciones o circunstancias que ellos invocan. Pensamientos de perdón, crean la realidad del perdón, pensamientos de paz, producen paz, los de guerra y odio, crean guerra y odio. Los pensamientos de amor generan amor, lo mismo que los de serenidad producen serenidad. Todos tus pensamientos generan la forma de vida que ellos invocan, al pensarlos y emitirlos hacia fuera, porque ellos poseen poderes creadores en sus esencias vitales.

Todos los actos, conductas, situaciones y circunstancias físicas y tangibles que tú realizas, existen primero en forma intangible como pensamientos. Tus piensas tus realidades físicas, luego ellas existen en el mundo físico. Antes de cocinar una comida suculenta y apetitosa, la tienes primero en tu mente como una comida imaginada. Luego, tomas la decisión de cocinarla, preparas los ingredientes, aplicas una receta, y la cocinas parte por parte, la sirves y te la comes. La comida tangible y física que te comes existió primero en forma intangible en tu mente. Tú siembras las semillas de pensamientos de comida en el terreno de tu mente, y la comida se hace una realidad tangible y física que puedes comértela. Todas las demás cosas que te suceden en tu vida pasan por el mismo proceso creativo. Unos procesos creativos son más complejos que otros, pero los componentes esenciales del proceso creativo son los mismos.

Eres un ser que crea vida cada segundo, debido al poder creador de tus pensamientos. La mayoría de las cosas que tú creas en tu vida, las creas sin estar consciente de que lo estás haciendo. Pero el proceso creativo y creador se realiza de todas maneras, estés consciente o no de que estás creando nuevos actos, hábitos, situaciones, circunstancias, que vienen a formar parte vital de tu vida cotidiana. Todos los pensamientos que has permitido en tu mente hasta ahora, han creado, formado y definido la vida que vives en estos momentos. Cada pensamiento o semilla que siembras en tu mente o terreno, produce específicos árboles en tu vida, y cada uno de esos árboles contiene el poder de producir determinados frutos, actos, conductas, situaciones, circunstancias...

¿Deseas saber cuáles son los pensamientos o semillas que siembras con más frecuencia e intensidad en el terreno de tu mente? Solo tienes que observar los árboles y los frutos en tu vida. Ahí tienes la respuesta. Observa lo que más aparece en tu vida, los incidentes, situaciones y circunstancias que más se repiten, las conductas y los actos más reincidentes, las energías que más atraes hacia ti, y lo que veas te indicará los tipos y formas de pensamientos o semillas que más estás sembrando en el terreno de tu mente. Todos tus pensamientos poseen en esencia poderes creadores, y crean algo indudablemente.

Capítulo II

Tu mente es como un jardín: las rosas y las flores que siembras y cultivas, florecen.

Los jardines bien cultivados y cuidados son apetecibles a los sentidos. Producen flores hermosas y olorosas. Si cuidas tu mente como un jardín apreciado y atesorado, solo tendrás las flores y las rosas que tu deseas disfrutar en tu jardín.

Ya hemos comparado tu mente con un terreno donde siembras las semillas de tus pensamientos para cultivar árboles con sus respectivos frutos. Los árboles y frutos de tu cosecha son los actos, comportamientos, hábitos, conductas, situaciones, circunstancias que se revelan en tu vida diaria. En otras palabras, esos árboles y frutos son la vida que vives con todas sus historias, las que te traen felicidad y las que no lo hacen. Los pensamientos o semillas que permites en tu mente o terreno, crean todas las historias de vida que vives. Esta vida que vives son árboles y frutos originados en las semillas de los pensamientos que siembras en el terreno de tu mente.

Pero, en última instancia, tu mente no es meramente el terreno donde tus semillas de pensamientos germinan y crecen. Tu mente es un jardín, donde tienes la oportunidad de cultivar las flores y las rosas que deseas disfrutar en tu vida. Y de nuevo, las semillas de las flores y las rosas que siembras y cultivas en tu jardín o mente, son los pensamientos que permites en ella.

Tus pensamientos poseen todas las semillas de las flores y las rosas que cultivas en tu vida. Y el jardín de tu mente es fértil para producirlas. Tú decides el tipo de jardín que deseas disfrutar en tu vida. Tú decides el tipo de flores y rosas que deseas oler y ver en tu jardín. Todo depende de las semillas o pensamientos que siembres y de cómo cuides y cultives tu jardín. Si siembras en tu jardín semillas o pensamientos de amor, paz, perdón, compasión, ternura, abundancia, prosperidad, armonía, balance, sincronía, gozo, felicidad, esos son los tipos de flores y rosas que crecen en tu jardín. Si por el contrario siembras semillas o pensamientos de odio, rencor, amargura, infelicidad, división, miseria, esos son los tipos de flores y rosas que germinan y creen en tu jardín.

Tu jardín refleja claramente tu vida mental. Si deseas saber si una persona piensa muchos pensamientos amorosos, observa su jardín y las flores y rosas que hay en su vida. Una persona que siembra muchas semillas o pensamientos de amor en el jardín de su mente, produce muchas flores y rosas de amor. Y las flores y rosas de amor, además de coloridas, expelen un aroma exquisito. Los jardines llenos de flores y rosas de amor son atrayentes. Si deseas saber cuántas semillas o pensamientos de rencor, amargura, odio una persona siembra en el jardín de su mente, solamente observa las flores y rosas descoloridas y con olor a rencor, amargura, odio, en las conductas y las palabras de su vida diaria.

Tu mente siempre es un jardín donde siembras las semillas de tus pensamientos. Las diferencias están en los tipos de flores y rosas que produces en él, dependiendo de las semillas de pensamientos que siembres en el jardín de tu mente. Tú decides qué tipo de jardín es el que deseas en tu vida. Las flores y rosas que germinen y florezcan en el jardín de tu vida, te indican, con claridad meridiana, las clases de semillas o pensamientos que estás sembrando. Y siempre tienes la oportunidad de cambiar y mejorar la calidad de las semillas de tu siembra. Tus semillas o pensamientos son de tu propiedad, y solo tú tienes el derecho a sembrarlos y cultivarlos. Puedes cambiar la calidad de tus siembras, con tan solo pensar en los tipos de pensamientos que deseas sembrar en tu jardín. Y lo haces, eligiendo los tipos de flores y rosas que deseas cultivar y disfrutar en tu jardín. Todas las flores y rosas producidas en tu jardín se originan en las semillas o pensamientos que siembres.

Tú puedes decidir ser un buen jardinero, uno muy bueno o un jardinero excelente. Por supuesto, también puedes decidir ser un jardinero mediocre. Tú, como jardinero, eres el protagonista principal en la creación y cultivo de tu jardín. El jardín, tu mente, es tuyo; las semillas, tus pensamientos, son tuyas. Tú siembras las semillas, las cuidas y cultivas, y además, abonas el terreno y haces todo lo que un buen jardinero hace para producir las rosas y flores que desea ver, oler y disfrutar en su jardín. Puedes crear tu jardín a la imagen y semejanza de tus propias expectativas, sueños y deseos. Los frutos de tu jardín, las rosas y flores, son hechos tangibles y visibles, como las rosas y flores de un jardín literal.

Los frutos de tu jardín los puedes ver en tus conductas, actos, situaciones y circunstancias que se presentan en tu vida diaria. Todas las experiencias que tú vives en tu vida cotidiana, son componentes tangibles de los frutos de tu jardín.

Tu jardín puede oler y verse bien cuidado, o puede apestar y estar lleno de malezas. Tú decides el tipo y la forma de jardín que deseas tener y disfrutar en tu vida cotidiana. Tu mente siempre será un jardín. Tú decides si es un jardín bien cultivado y cuidado, o si es un jardín descuidado y marchito.

El árbol de tu vida

Capítulo III

Puedes transformarte en un sabio maestro de tus pensamientos.

Con motivación, dedicación y disciplina, puedes transformarte en un (a) maestro (a) sabio (a) de tus pensamientos. No necesitas ser un genio o grados de universidad o talentos especiales para lograrlo. Todos tus pensamientos los piensas tú, por tanto, tú puedes dirigirlos a crear lo que deseas tener en tu vida.

(Este capítulo es parte del libro *Recetas para sanar tu corazón: Principio simples para vivir la vida,* escrito por este mismo autor.)

El autoamor es la primera señal que muestra que estás cuidando y atendiendo el jardín de tu mente. Tu autoamor indica que estás tomando responsabilidad por tu vida, empezando por el mayor poder que posees, tus pensamientos. Tu autoamor es un antídoto que ayuda a combatir los síntomas de la depresión. Tu autoamor es un motivante que te energiza, vigoriza y rejuvenece la vida. Tu autoamor te impulsa a vivir la vida que puedes vivir. Tu autoamor te permite volverte un ser optimista y proactivo, en tu mente primero y en tus actos después. Tu autoamor es uno de los actos sencillos de amor más poderosos que puedes practicar contigo mismo (a).

Cuando te autoamas, aprendes a aceptarte tal y como eres. Eso es lo que hacías cuando eras un (a) niño (a) de tres años. No necesitabas de imágenes externas para aprobarte, aceptarte y quererte. Te dabas tú mismo (a) toda la aprobación que necesitabas sin esperar la aprobación de los demás. Tu autoamor permite que te autovalores en el nivel más alto de la escala humana. Y que aprecies todas las cualidades positivas que posees, aunque otras personas no las vean en ti. Por el contrario, pasas los criticismos negativos de los demás por tu filtro de autoamor que deja que penetren a la esencia de quien eres.

Cuando te autoamas, aprendes a quererte y a dedicarle tiempo y energías a tu mente, a tu cuerpo, a tu alma, a tu educación, a tu pasión, a las cosas que realmente te interesan y llenan tu vida. Tú sabes lo que quieres hacer con tu vida, y te dedicas a realizarlo sin pedirle permiso a nadie para hacerlo.

Cuando te autoamas, aprendes a vivir tu vida con más claridad mental, emocional, psicológica y espiritual. Y te transformas en una entidad que irradia luz a los demás para servir de modelo a otros. No eres esclavo (a) ni prisionero (a) de tu pasado, sino que lo perdonas, perdonas a los demás y sigues hacia delante. Creas tu futuro con tu futuro, no con tu pasado.

Cuando te autoamas, aprendes a transformar los elementos fuertes de tu personalidad en talentos poderosos que te benefician a ti y a toda la humanidad. Porque aprendes que eres un ser especial con origen divino. Como ser espiritual no posees ninguna limitación, excepto la que tú mismo te impongas. El autoamor te impulsa a romper y disolver las limitaciones que te impones por miedo, vergüenza, culpa o por ignorancia espiritual.

Cuando te autoamas, aprendes a ser un líder proactivo de tu vida y a tomar decisiones sabias e inteligentes para tu beneficio. Porque sabes de dónde vienes y hacia dónde te diriges con tu vida sobre esta tierra y en el universo. Tú conoces y entiendes exactamente qué deseas hacer con tu vida sobre esta tierra, y te dedicas a crear la vida de tus sueños.

Cuando te autoamas, aprendes a dar los pasos necesarios para cumplir los sueños y las metas que tienes para tu propia vida sobre esta tierra. Y no vives de ilusiones, fantasías y simples deseos que no poseen poderes creadores. Tú sigues exactamente los pasos que tu *GPS* (sistema de posicionamiento global, por su siglas en inglés), te indica para llegar el destino al cual te diriges.

Cuando te autoamas, aprendes a dar amor saludable a otros, además de recibir y atraer amor saludable hacia ti. La calidad y cantidad de amor que recibes de los demás está en la misma medida que la calidad y cantidad de amor que te das a ti mismo (a).

Aprendes a darte mucho amor a ti primero, porque sabes que sin auto-amor no posees amor para compartir con otras personas.

Muchos de nosotros nos olvidamos de quienes realmente somos.

Existe una cultura contra el autoamor que lo presenta como sinónimo de egoísmo y hedonismo. Esta cultura es en parte responsable de que nos olvidemos de quienes somos realmente y de que nos aislemos. Cuando nos olvidamos quienes somos, nuestras mentes y corazones se enferman y paralizan, impidiéndonos que desarrollemos un autoamor saludable.

Pero no tenemos que quedarnos paralizados si ha sido esa nuestra experiencia de vida. Los seres humanos somos ríos, no charcos o lagunas; somos seres vivientes, no rocas milenarias; tenemos las posibilidades de ser águilas, no serpientes. Tenemos mentes y corazones hechos a la imagen y semejanza de Dios y lo divino; y podemos usarlos para vivir a plenitud nuestras vidas sobre la tierra.

Para recordar quiénes somos realmente, tenemos que:

• Comprender que no estamos solos, si no que estamos conectados con todos los que nos acompañan en esta jornada de la vida.

• Entender que estamos bien donde nos encontramos ahora, hasta que lleguemos a donde tenemos que llegar.

• Saber que estamos aprendiendo lo que tenemos que aprender, con las personas, circunstancias y situaciones que nos encontramos en el camino.

• Ocuparnos de nuestros propios asuntos, para sacarle mejor partida a nuestros recursos.

• Fijarnos en la soluciones, no en los problemas.

• Perseguir los resultados, pero vivir más en lo único que realmente poseemos: el ahora.

• Intentar cambiar nuestras mentes y pensamientos primero, antes que nuestras circunstancias.

• Ser proactivos, no reactivos.

• No ceder a la tentación de juzgar a los demás, sino tratar de amarlos incondicionalmente.

• Descubrir las lecciones que tenemos que aprender ahora.

• No hacer daño a nadie intencionalmente, ni con nuestros pensamientos ni con nuestras acciones.

• Aquietar nuestras mentes: estar calmados y centrados.

• Apreciar todos nuestros encuentros, porque son sagrados, incluyendo las personas que están en esos encuentros.

• Escuchar la voz más suave y silenciosa que tenemos en nuestras mentes ahora; no la voz bulliciosa e inquietante que nos trae estrés.

Una de nuestras tareas principales en la vida es hacer estas cosas señaladas en el párrafo anterior. Aprender a autoamarse: mientras más temprano en la vida mejor. Es mejor aprender a autoamarnos antes que nuestros corazones estén cubiertos de caparazones espesos y duros. Y si no hemos tenido la oportunidad de hacerlo temprano, pero estamos leyendo este libro, es porque nos ha llegado ahora esa oportunidad. La vida es buena con nosotros y procura siempre nuestro bienestar.

Empieza despacio, paso a paso a autoamarte. Al principio te resultará extraño. Puede que te sientas incómodo al iniciar tu proceso de autoamor. Tienes que vencer y traspasar tu zona confortable que te inquieta y llena de miedo y ansiedad cuando intentas hacer algo novedoso para tu beneficio. Autoamarse es un acto sencillo de amor que te permite recuperar tu poder cedido y perdido. Empieza a dar pasos simples, pero firmes hacia tu aprendizaje de autoamor. No rechaces tus emociones y sentimientos de miedo y ansiedad. Dale la bienvenida y sigue caminando. Cada paso que des hacia tu autoamor te resultará más cómodo, tranquilo y sereno. Te lo aseguro, porque eso es parte de tu bello proceso. Solo dedícate a disfrutar la jornada. No te critiques ni rechaces lo que te está ocurriendo a nivel espiritual, emocional, mental y físico. Ya has tenido demasiado críticas y rechazos en tu vida. Ahora es tu tiempo para aceptarte y autoamarte en su máxima expresión. Debes darte tanto autoamor, que lo sientas brotar por los poros de tu piel. Nunca puedes autoamarte demasiado.

Capítulo IV

Las semillas o pensamientos y el terreno o mente donde tú siembras reflejan las etapas o fases de la vida que vives.

Eres un ser que vive su vida mental, espiritual, emocional, intelectual, social y cultural en etapas o fases. Y todo lo que hagas con tu vida, incluyendo las siembras de tus pensamientos en el terreno de tu mente, refleja las etapas o fases de la vida que estás viviendo en ese momento.

Tú vives tu vida en etapas o fases, de la misma manera que el desarrollo se produce y ejecuta en etapas y fases. Desde el momento de tu fecundación y hasta tu nacimiento, existen marcadas fases del desarrollo del embrión y el feto hasta nacer como un ser humano completo. Desde tu nacimiento y hasta que dejas esta forma física de existencia, hay etapas claras y distinguidas por las que pasas (niñez, preadolescencia, adolescencia, adultez, vejez...). Y en cada una de estas etapas tú muestras características distintivas, algunas de las cuales necesitas superar para poder entrar en la siguiente.

Lo mismo sucede con las semillas o pensamientos y el terreno o mente donde tú siembras. Tanto las semillas como el terreno donde siembras producen de manera natural las fases o etapas de vida en las que tú te encuentras.

Si estás viviendo en una fase de mucha ignorancia espiritual, confusión, dudas, temores, egoísmos, apatías, es porque esas son las semillas o pensamientos predominantes que siembras en el terreno de tu mente. Y las rosas y flores que esas semillas producen en tu vida, contienen el olor, sabor, color de las dudas, los temores, el egoísmo y la apatía. Todo lo que tú siembras es lo mismo que cosechas para atrás.

Si estás viviendo una fase de tu vida que contiene mucha iluminación espiritual, fe, optimismo, esperanza, amor, luz, compasión, ternura, cariño, sabiduría, las rosas y flores que esas semillas producen en tu vida, contienen el olor, color, sabor de la fe, el optimismo, la esperanza, el amor, la luz, la compasión, la ternura, el cariño, la sabiduría. Tus cosechas reflejan exactamente las características de las semillas o pensamientos que siembras en el terreno de tu mente.

¿Cómo puedes elevar tu nivel de vida para asegurarte de que coseches las rosas y flores que tú deseas ver y oler en el jardín de tu vida?

Primero, cuidando sabiamente de tu mente. Tu mente, asentada en parte en tu cerebro, es el componente más preciado de tu cuerpo físico. Tienes que asegurarte de que no estás desperdiciando tu mente, al menos el diez por ciento que usas cotidianamente. Tu mente y tus pensamientos son los tesoros más preciados que posees.

Segundo, cuidando apropiadamente el tipo de semillas o pensamientos que siembras en el terreno de tu mente. Tus pensamientos son tuyos únicamente. Tú decides los pensamientos que deseas sembrar y los que no. Tú siempre eliges, consciente o inconscientemente, los tipos y formas de pensamientos o semillas que deseas sembrar en el terreno de tu mente. Lo que cosechas en tu jardín, depende del tipo de pensamientos que siembras en él.

Tercero, cuidando apropiadamente de los frutos rosas y flores o cosechas que se producen en tu jardín. Después que siembras las semillas o pensamientos que deseas en el terreno de tu mente, tienes que cuidar tu cosecha. Junto a los frutos, rosas y flores que tus pensamientos y semillas producen, también crecerán malezas que tienes que arrancar.

Tienes que practicar la armonía, el balance y la sincronía en el proceso de tu siembra y tu cosecha. Tus pensamientos o semillas y tu terreno o mente tienen que estar en armonía, balance y sincronía, para que tu jardín produzca los frutos reales que tú deseas disfrutar en tu vida. Puedes lograr esta armonía, balance y sincronía con disciplina consciente. Tú tienes que disciplinarte para sembrar de manera consciente las semillas y pensamientos que van a producir los frutos o rosas y flores que tu realmente deseas disfrutar en el jardín de tu vida diaria.

El árbol de tu vida

Capítulo V

El universo del que eres parte vital, siempre tiene la razón.

El universo al que perteneces es perfecto y siempre tiene la razón. No hay ningún desperdicio en un universo en cual todo contiene propósitos específicos y claros. Tu tarea es alinearte siempre con la perfección absoluta del universo, porque él trabaja siempre para tu beneficio, y nunca en tu contra.

Las siembras de pensamientos producen cosechas naturales, y una de las razones por las que esto sucede es porque el universo al que perteneces es perfecto, infinito, rico, próspero, abundante, y siempre tiene la razón. El universo no contiene caos, desorden ni injusticia. Nada se pierde en el universo, porque todo lo que sucede tiene propósitos específicos. Eso no significa que tú entiendes cabalmente todos esos propósitos, ni siquiera aquellos relacionados con tu vivir cotidiano. Pero tu armonía, balance y sincronía con tu origen divino, infinito y perfecto, los acepta y fluye con ellos.

El universo siempre tiene la razón. Tu tarea es armonizarte y sincronizarte con la razón o propósito perfecto del universo. ¿Cómo sabes que transitas en sincronía con el universo? Cuando eres un ser humano que camina en bendición o felicidad y cuando el sufrimiento, que no es lo mismo que el dolor, no es una parte vital de tu vida, sino la felicidad.

Hay una diferencia entre el dolor y el sufrimiento. El dolor es un componente vital de la vida. Lo que duele te envía la señal de que estás sanando o necesitas de sanidad. Por el contrario, el sufrimiento te envía la señal de que estás ignorando alguna verdad o enseñanza espiritual o que te estás apartando de alguna ley espiritual importante.

La desarmonía con el universo te trae sufrimiento; la armonía con el universo te trae felicidad. Tu sincronía con el universo aumenta cuando ejerces tu fe en el amor y disminuye cuando practicas tu fe en el miedo. Tienes que recordar que lo que tú pones o siembras en la vida y en el universo, es lo que la vida y el universo te regresan. Lo que tú tomas de la vida, la vida lo regresa y se lo regala a otros. Todos participamos del mismo reciclaje constructivo de la vida y del universo, todos consumimos el mismo aire, agua, alimentos y pensamientos creadores. Pero, además, las experiencias, situaciones y circunstancias de tu vida, las crea con tus pensamientos, tus creencias y tus palabras creadoras. Eso es lo que está sucediendo en el ahora de tu vida. La vida que vives hoy, la creaste con tus pensamientos, creencias y palabras de ayer; la vida que disfrutarás mañana, la creas con tus pensamientos, creencias y palabras de hoy.

El árbol de tu vida

Capítulo VI

Tu cuerpo siempre responde a las órdenes de tu mente.

Todos los pensamientos que conservas consistentemente en tu mente, se transforman en realidades tangibles y físicas en tu vida cotidiana. Todos tus pensamientos se hacen realidades públicas en tus actos, conductas y acciones. Tus pensamientos no poseen vidas privadas, porque tarde o temprano son entidades públicas visibles para ti y para todos a tu alrededor.

La expresión "pensamientos sobre materia" no es solo un conjunto de palabras sin contenidos reales. Tu cuerpo es un esclavo de todos tus pensamientos predominantes o de tu mente, siempre y en cada situación y circunstancia de tu vida. Todas las respuestas o conductas tangibles de tu cuerpo obedecen a las operaciones de tu mente, sea que elijas tus pensamientos conscientemente o no.

Pensamientos de infelicidad crean un cuerpo infeliz; pensamientos de felicidad crean un cuerpo feliz, alegre y satisfecho. Pensamientos de miedo, duda y temor crean un cuerpo lleno de miedos y dudas. Pensamientos de negatividad y de pesimismo crean un cuerpo pesimista. Pensamientos positivos, optimistas, alegres, de fe y confianza crean un cuerpo optimista. Pensamientos de enfermedades crean un cuerpo debilitado y listo para enfermarse. Pensamientos de salud, sanidad, curaciones milagrosas y renovación saludables de las células crean un cuerpo con la disposición y la predisposición para mantenerse saludable, activo y renovado. Pensamientos de ansiedades y estrés crean un cuerpo ansioso y estresado. Pensamientos balanceados, armónicos, de paz, tranquilidad y sosiego crean un cuerpo en armonía y balance con la paz y la tranquilidad. Los pensamientos, conscientes o inconscientes, son las bases y los fundamentos de todas las manifestaciones tangibles y físicas del cuerpo.

Tu cuerpo es el instrumento de todos tus pensamientos. Si posees pensamientos limpios, tienes un cuerpo limpio. Si tienes pensamientos hermosos, posees un cuerpo hermoso. Si tu base o fundamento (pensamientos) son puros, todas sus manifestaciones y productos son también puros. Si deseas tener un cuerpo perfecto, procura tener pensamientos perfectos. Si quieres renovar y embellecer tu cuerpo, tienes que renovar y embellecer tus pensamientos primero. La mejor manera para lograr estos objetivos es practicando los siguientes principios en tu vida cotidiana.

1. Esfuérzate por tener pensamientos positivos de todas las personas con las que tienes contacto.

2. Esfuérzate en mostrarle alegría y felicidad a todas las personas con las que tienes contacto.

3. Trata de encontrar el bien y algo positivo en todas las personas con las que tienes contacto.

La práctica y la disciplina te harán perfecto en estas tareas en el camino hacia tu felicidad.

Capítulo VII

Tus pensamientos enfocados contienen poderes ineludibles.

Todos los pensamientos que tienes, unos 60,000 por día, son tuyos. Nadie más tiene acceso a ellos, a menos que tú lo permitas. Es el poder más grande que posees, y puedes usarlo como lo desees para tu propio beneficio.

Todos tus logros inteligentes están originados en tus pensamientos enfocados, dirigidos y con propósitos claros, orientados y específicos. Si examinas los siguientes logros en tu vida, tienes que endilgárselos a tus pensamientos enfocados, dirigidos y con propósitos.

Azaña o logro número uno: Cuando aprendiste a caminar por ti solo, enfocaste todos tus pensamientos en caminar, y lo lograste.

Azaña o logro número dos: Cuando aprendiste a hablar tu lengua materna, enfocaste todos tus pensamientos en hablar para entender a otros y comunicar tus necesidades, y lo lograste.

Azaña o logro número tres: Cuando aprendiste a escribir, enfocaste todos tus pensamientos en aprender las grafías de tu idioma, y lo alcanzaste.

Si lo deseas, puedes pensar en todas las metas que has logrado en tu vida hasta ahora. Todas ellas son el resultado de enfocar tus pensamientos hasta verlas hechas realidades tangibles en tu vida. El enfoque de tus pensamientos funciona como una fuerza mental creadora. Y esa fuerza mental creadora aplicada se transforma en realidades tangibles y físicas, que hacen que tus talentos se conviertan en tus fortalezas. Y tú sabes lo que sucede cuando practicas y ejercitas tus fortalezas: se hacen visibles en el mundo físico. Tú no puedes mantener tus fortalezas ocultas, porque tus fortalezas encuentran las formas de expresarse y exteriorizarse.

Una de tus primeras tareas es descubrir cuáles son tus talentos. Cuáles son las cosas que te apasionan, que despiertan tu curiosidad. Cuáles cosas amas hacer realmente. No permitas que entierren tus talentos contigo. Puedes empezar a practicarlos cuando lo desees, con el propósito de que se transformen en tus fortalezas distintivas.

El árbol de tu vida

Capítulo VIII

Tus pensamientos de éxitos, te traen éxitos; tus pensamientos de fracasos, te producen fracasos.

Tanto tus éxitos y triunfos, como tus fracasos y derrotas empiezan en tu vida mental, en tus pensamientos. Los pensamientos exitosos crean y atraen éxitos en la vida; los pensamientos de fracasos crean y atraen fracasos en la vida.

(Este capítulo es parte del libro *Recetas para sanar tu corazón: Principios simples para vivir la vida*, escrito por este mismo autor.)

Debes aprender a tomar las decisiones importantes de tu vida con inteligencia, sabiduría, lucidez y raciocinio mental, de modo que promuevan una vida exitosa y triunfadora. Todas tus decisiones tienen consecuencias exitosas o de fracasos. Tu vida no te darás el placer de que tomes decisiones gratis. Tendrás que pagar un precio por cada decisión que tomes. Y mientras más compleja sea esta, más alto será el precio que pagarás. No puedes evadir el tomar decisiones.

Cada uno de tus comportamientos son decisiones que has decidido tomar. Cada segundo y minuto y día tomas miles o millones de decisiones en tu vida. Y cada una de esas decisiones que tomas te afecta de alguna manera. Cada una de ellas le da un rumbo a tu vida. Tienes que aprender a vivir una vida consciente de tus decisiones cotidianas. Tu inteligencia mental y emocional es uno de los dones más preciados que posees. Utilízalas para tomar decisiones con lucidez, claridad mental y raciocinio que beneficien tu vida.

Dos decisiones muy importante y cruciales que muy probablemente tomarás son las de casarte y formar una familia nuclear. No tomes la decisión de casarte y formar una familia livianamente, a la ligera y en medio de turbulencias emocionales. No te cases para tener sexo, ni para ser feliz, o para tener compañía, complacer a tu familia o amigos, ni porque estás envejeciendo o porque todos sus amigos (a) se han casado. Si te casas por razones equivocadas, pagarás un precio que dejará tu vida en bancarrota, y tendrás que invertir enormes recursos para recuperarte. Antes de casarte y formar una familia, debes descubrir si esos son papeles que tú viniste a la tierra a desempeñar. En el tiempo que escribo este libro hay unos siete (7) billones de seres humanos en la tierra. Más de la mitad de ellos viven por debajo de las condiciones de humanidad que merecemos y somos dignos. Tú no quieres contribuir y añadir a tu humanidad más cargas de infelicidad. Viniste a la tierra a dejar un legado de luz, de amor, de paz, de más abundancia y prosperidad y a avanzar a la humanidad hacia lugares más altos de consciencia espiritual.

Si ya te casaste y formaste una familia no te has "equivocado" tampoco. Eres parte esencial de un universo en que no hay desperdicios ni errores. Si te casaste y formaste una familia necesitabas esa escuela de aprendizaje en tu vida sobre esta tierra. Con los pensamientos, las creencias y las palabras que utilizas, tú creas y traes todas las experiencias de tu vida. Eres un creador y con el poder de modificar todas las experiencias de vida que decides crear y atraer en tu vida. Muy probablemente te casaste imitando los modelos de matrimonios y familias que aprendiste en tu niñez. Si estos fueron negativos, perdónalos, déjalos ir, y usa tus poderes creadores del ahora y del presente para crear el matrimonio y la familia que deseas tener en tu vida. Tienes el poder para hacerlo a tu disposición en tus pensamientos, tus creencias y tus palabras.

En el ahora y el presente, puedes utilizar el poder de tus pensamientos, tus creencias y tus palabras para crear el matrimonio y la familia que deseas tener en el futuro. No tienes que estar estancado en los modelos de matrimonios y familias que te legaron tus padres, si han sido disfuncionales. Decídete a perdonar y dejar libre tu pasado en esta área. Envíale tu bendición y agradécele todo lo que te sirvieron en el pasado. Cuando dejas libre tu pasado, el primero que se libera eres tú. Eres un ser espiritual libre y con poderes creadores de tus propias experiencias de vida. Cuando disuelves tus experiencias negativas del pasado, entonces las puedes reemplazar por experiencias positivas en el presente y el ahora. Utilizas los poderes creadores de tus pensamientos, tus creencias y tus palabras para crear el matrimonio y la familia de tus sueños, que se acomode a tus propias expectativas, valores y creencias.

Tienes que poner en tus prioridades el aprendizaje de tomar decisiones sabias e inteligentes. Tienes que aprender a tomar decisiones con lucidez y raciocinio mental. Tus niveles de felicidad o infelicidad los podrás medir por los resultados de cada decisión que tomes. Eres un ser espiritualmente sabio e inteligente con un origen divino. Posees inteligencia mental y emocional. Y puedes usar esa inteligencia para tomar decisiones sabias y racionales que te beneficien a ti y a tu humanidad. Empieza por perdonarte y amarte incondicionalmente. Tienes que perdonar, liberar y dejar libre a tu pasado. Cuando lo haces, entonces puedes usar el poder de tus pensamientos, tus creencias y tus palabras para crear en el ahora la vida que deseas vivir en el futuro. Esa vida incluye la creación de un matrimonio y una familia saludables, si asumes esos papeles en esta forma de vida que tienes sobre esta tierra en el presente.

El árbol de tu vida

Capítulo IX

Las leyes inmutables del pensamiento.

La vida te devuelve exactamente lo que tú crees merecer de tu vida. Tú tienes que estar absolutamente claro (a) de tu razón de ser en esta tierra y en el universo. Tienes que saber para qué te regalaron la vida. Solo con ese conocimiento podrás realizar ese propósito esencial de tu existencia. Si no sabes para qué viniste a la tierra, te pasarás la vida perdido (a).

Ley número uno: Todos los pensamientos crean realidades tangibles

A muy pocos seres humanos les enseñan desde temprano en la vida la importancia crucial de los pensamientos y su poder creador. No nos enseñan a tratar con nuestros pensamientos como el tesoro más preciado que poseemos, y el poder más grande que tenemos a nuestra disposición. No es una sorpresa, entonces, que los usemos para crear tantas cosas en nuestras vidas, que luego descubrimos no deseamos tener en ellas.

La ley número uno del pensamiento es simple: los pensamientos son realidades intangibles, no físicas, pero todos ellos crean realidades tangibles y físicas, ineludiblemente. Tienes que tomar nota de esta verdad, porque, como la ley de la gravedad, se cumplirá en tu vida sin fallar un ápice. Tú piensas alrededor de 60,000 pensamientos por día, la mayoría de ellos repetidos, pero con cada uno de ellos crea algo tangible en tu vida. No importa que tus pensamientos sean conscientes o inconscientes, porque sus poderes creativos siguen los mismos principios.

Ley número dos: Los pensamientos que se ponen en el universo se reciben devuelta

El universo es un eco infinito en constante movimiento. Y responde todas las peticiones que se le envían, todas. El universo no se queda con nada de lo que recibe, sino que lo devuelve. Todos los pensamientos que pones en el universo, los recibes devuelta. Ponle a tención a esta ley de los pensamientos, porque el universo no filtra y corrige tus pensamientos negativos y pesimistas. Si tienes muchos pensamientos positivos, optimistas, de felicidad, alegría, abundancia, prosperidad, amor, compasión, el universo te envía esos mismos pensamientos a ti. Por el otro lado, si tienes muchos pensamientos negativos, pesimistas, de infelicidad, tristeza, carencia, pobreza, miseria, el universo te envía devuelta esos mismos pensamientos.

Ley número tres: Todos los pensamientos que se siembran producen frutos

Todos los pensamientos que se piensan consistentemente, crean y producen los frutos o resultados naturales a esos pensamientos. La vida y el universo no tienen otra forma de operar. Si siembras granos de maíz, nacen plantas de maíz que producen mazorcas de maíz con granos de maíz. Lo mismo sucede si siembras granos de arroz, trigo, habichuela, lentejas, alverjas, mango, cajuil o almendras, los cuales producirán, naturalmente, los frutos de las semillas sembradas.

Esta ley del pensamiento funciona en idéntica manera. Todos los pensamientos que se siembran producen frutos o resultados o situaciones, conductas, actos, comportamientos, emociones, sentimientos naturales a ellos. Pensamientos de amor, producen amor; de odio, odio; de alegría, alegría; de abundancia, abundancia; de escasez, escasez; de miseria y victimización, más miseria y victimización; de resentimiento y rechazo, más resentimiento y rechazo; de felicidad, más felicidad. Todos los pensamientos que tú siembras producen los frutos naturales a ellos mismos.

Ley número cuatro: Los pensamientos de gratitud y amor, son más poderosos que los de odio y resentimiento

Por eso, cuando aprendes a autoamarte sanamente y a expresar amor y gratitud, desde el centro vital de tu ser amoroso irradia más influencia positiva hacia los demás. Si observas la historia presente y futura de la humanidad, te das cuenta que sus influencias positivas son más permanentes que los que utilizan el odio y el resentimiento. Jesucristo, Gandhi, Luther King, tienen más permanencia en la sociedad que los que los mataron guiados por el odio y el resentimiento. Mientras más pensamientos de amor y gratitud permites en tu vida, más amor y gratitud atraes hacia tu vida. Cambiar una situación en tu vida que no te agrada usando las energías de amor y gratitud, produce mejores resultados que si utilizas las energías del odio y el resentimiento. Los pensamientos de amor y gratitud son más poderosos que los de odio y resentimiento.

Ley número cinco: La mente es el terreno donde se siembran las semillas de los pensamientos

Tu vida mental se centra en tu cerebro físico, el cual es el componente básico de tu mundo intelectual y psicológico. Pero tu cuerpo es un sistema integral, donde el todo funciona con las partes, y las partes funcionan con el todo. Tienes que mantener tu mente saludable, energética y libre de telarañas. Es en tu vida mental e intelectual donde siembras las semillas de tus pensamientos, para que de ellos germinen los frutos y las consecuencias que deseas ver florecer en tu vida. Tu mente se compara al terreno donde tú siembras las semillas de tus pensamientos. Las semillas que tú siembres en ese terreno, producen los árboles y los frutos naturales a esas semillas sembradas.

Ley número seis: Todas las mentes son jardines

Todas las mentes, incluyendo la tuya, se comparan a jardines. Y funcionan siguiendo los mismos principios que siguen los jardines. Para disfrutar de un jardín floreciente y bello, tienes que cultivar adecuadamente el terreno, abonarlo, escoger bien las semillas de las flores y rosas que deseas producir en el jardín, sembrarlas en el tiempo y las formas apropiadas, protegerlas y cuidarlas para que tengan suficiente agua, luz, calor, y cortar las malezas que quieren marchitarlas.

Tu mente es tu jardín espiritual, y tienes que cuidarla y atenderla mejor que un jardín físico. Las rosas y flores que produce el jardín de tu mente, te indican las semillas que tú siembras y el nivel de cuidado que provees para el jardín de tu mente.

Ley número siete: Los pensamientos controlan y dirigen las emociones y los sentimientos, y no al revés

Como millones de seres humanos, a lo mejor hayas permitido que tus sentimientos y emociones controlen y dirijan tu vida mental. La verdad es que tus emociones y sentimientos no originan tus pensamientos, sino que tus pensamientos originan y crean tus emociones y sentimientos. Por lo tanto, tus pensamientos tienen que controlar y dirigir tus emociones y sentimientos, y no al revés. Tú primero piensas, luego sientes.

Ley número ocho: "Pienso, entonces existo"

La expresión *"cogito ergo sum"* *(pienso, entonces existo)* se atribuye al filósofo René Descartes. El significado literal es que todos tus pensamientos se transforman en realidades tangibles y físicas en tu vida cotidiana. Cada pensamiento que permites consistentemente en tu mente, crea algún hecho o realidad física y tangible en tu vida. Si piensas es porque estás existiendo, es decir, creando con tus pensamientos creadores.

Ley número nueve: Los pensamientos crean las creencias en el corazón y las palabras que salen de la boca

Tus pensamientos no solo crean literalmente tus emociones y sentimientos. Ellos también crean las creencias en tu corazón y las palabras que salen de tu boca. Y todo lo que tú has sido, eres y serás se origina en tus pensamientos, creencias y palabras. Todos los que te conocen saben quién eres, con tan solo saber cómo piensas, qué crees y escuchar las palabras que salen de tu boca.

Ley número diez: Pensamientos positivos atraen salud y bienestar espiritual, emocional, intelectual, física, social y financiera, es decir, la felicidad

No tiene nada de misterioso que seas una persona feliz o infeliz. Si tienes pensamientos positivos, optimistas y creativos de manera consistente, automáticamente atraes hacia ti salud, bienestar espiritual, emocional, intelectual, física, social y financiera, es decir, la felicidad. Los pensamientos opuestos crean y atraen la infelicidad.

Ley número once: Los pensamientos financieros contienen la energía del dinero

Hay un capítulo en este libro sobre la energía del dinero. Para tu beneficio, sintetizamos la ley del pensamiento que dice que tus pensamientos financieros contienen tu energía del dinero. Son tus pensamientos financieros los que determinan tu manejo de la energía del dinero.

Ley número doce: Los pensamientos sexuales contienen la energía del sexo y de la sexualidad

Tienes que aprender a vivir en tu vida de manera natural las cinco funciones básicas de la energía del sexo y de la sexualidad.

La función novedosa de tu energía sexual permite que tú la mantengas fresca, limpia, energética. Tu energía sexual es nueva cada día de tu vida. Y este poder de novedad es tuyo y puedes usarlo para crear cosas nuevas en tu vida. Puedes emplearlo para cumplir la vida de tus sueños en esta tierra.

La función curiosa de tu energía sexual permite que tú aprendas cosas nuevas cada día de tu vida. Ella te permite evitar la monotonía y el aburrimiento en tus cotidianidades. Este poder de curiosidad es tuyo y puedes utilizarlo para implementar cosas aprendidas en la vida de tus sueños.

La función placentera de tu energía sexual te permite vivir una vida con alegría, gozo, satisfacciones. Tu energía sexual es placentera, y por eso, puedes vivir una vida con placer. Este poder placentero de tu sexualidad es tuyo, y puedes usarlo para vivir una vida llena de orgasmos de todas las clases, no meramente eróticos. Este poder placentero de tu energía sexual te infunde la motivación que necesitas para crear la vida de tus sueños sobre esta tierra.

La función reproductora de tu energía sexual te hace un ser creativo y creador de vidas. Puedes, literalmente, transmitirle tu vida a otro ser mediante el uso de tu energía sexual. Eres responsable de usar ese poder con sabiduría e inteligencia, con disciplina y racionalidad. Posees el poder de transmitir vida mediante esta energía. Úsala dejando un legado preciado a la humanidad, no una desgracia. Empléala para traer vidas felices si decides usar su poder reproductivo.

La función sociocultural de la energía sexual te permite ser un ser social responsable que utiliza este poder creativo y creador que posee con responsabilidad social. Traer otra vida a esta tierra es la responsabilidad más grande que se puede asumir. No tomes la función socio-cultural de tu energía sexual livianamente.

Capítulo X

¿Cómo vivir tu vida con una actitud mental positiva?

La actitud mental con que te enfrentas a tu vida afecta probablemente el sesenta por ciento de los logros que obtienes en la vida. Tienes que aprender a mirar tu vida y la vida en general, a través del vaso medio lleno, no medio vacío. Tienes que poseer una alta dosis de optimismo. Cuando eres optimista ves la vida con colores atrayentes, atractivos y vigorizantes. Lo que tú reflejas a la vida es lo mismo que la vida te devuelve. El universo entiende que si tú posees mucho de algo, positivo o negativo, eso es lo que tú deseas tener en tu vida. Y responde automáticamente y te trae más de eso a tu vida.

(Una versión de este capítulo es parte del libro *Recetas para sanar tu corazón: Principios simples para vivir la vida,* escrito por este mismo autor.)

Cuando te regalaron el milagro de la vida y decidiste venir a esta forma física de existencia, en los primeros años de ella eras un ser optimista y positivo. Entre los tres y los ocho años de edad todo era posible para ti. Tú no conocías la palabra imposible en tu vocabulario. A esa edad, poseías una actitud mental positiva ciento por ciento. Pero durante el proceso de "socialización", te condicionaron a pensar en las imposibilidades. La mayor parte de la negatividad, el pesimismo y la actitud mental negativa que tienes hoy la adquiriste en ese periodo de tu desarrollo. Es decir, que tu actitud mental negativa la aprendiste de tus padres, amigos, familiares, comunidades, lecturas, la televisión, la música, la escuela.

Todo lo negativo que aprendiste lo puedes desaprender. Puedes aprender a tener una actitud mental positiva al mismo tiempo que desaprendes la negativa. Puedes reemplazar tus hábitos de pensar, sentir, hablar y actuar negativamente, por hábitos de pensar, sentir, hablar y actuar positivamente. Como en todas las cosas, la práctica te hará perfecto (a).

Puedes lograr cambiar tus hábitos negativos por positivos con facilidad, siendo persistente, paciente, resistente y constante. Es decir, entrenando, con disciplina, a tu mente y sus pensamientos y a tu carácter a ser fuertes, no débiles y pusilánimes. El universo al que perteneces es fuerte, y descarta la debilidad mental que no está basada en defectos físicos genéticos que no pueden corregirse.

Tu primer paso en este maravilloso proceso de cambiar tu hábito mental es quitar las telarañas de tus pensamientos. No naciste con telarañas en tus pensamientos, sino que las aprendiste. Tus telarañas mentales, como la duda, el miedo, la culpa, la vergüenza inhibidora, la incredulidad, la desconfianza en ti, la apatía, el desgano, la desidia, tienes que irlas quitando de tus procesos mentales. Y en su lugar, tienes que poner fe, autoconfianza, seguridad, firmeza, entusiasmo y fervor, intrepidez para tomar riesgos y asertividad. Tus telarañas mentales de negatividad y pesimismo te impulsan hacia abajo, es decir, hacia el fracaso y la frustración. Cuando las reemplazas por una actitud mental positiva, empiezas a moverte hacia arriba, hacia el éxito, la autorealización y la plenitud de tus metas y aspiraciones que tienes para tu vida.

Tu segundo paso en este proceso de adquirir una actitud mental positiva es que no mires "la paja" en el ojo ajeno. Enfócate en "las vigas de tus propios ojos". No posees suficientes recursos para desperdiciarlos y malgastarlos mirando los "defectos y debilidades" de tus conciudadanos de la tierra. Tienes que usar todos los recursos que posees en ser una mejor persona, para ti, tu familia, tus amigos, tu comunidad, tu país, tu mundo y el universo. No has venido a esta tierra a juzgar a las personas con las que interactúas, has venido a amarlas. Es decir, has venido para ser el modelo o mentor que ellas puedan imitar. Gandhi dijo "Sé el cambio que esperas en los demás". Inviertes la mayor cantidad de tus recursos en ti, en mejorarte, en lograr la vida de tus sueños. La única persona a la que puedes cambiar es a ti misma. Los maestros llegan a los alumnos cuando ellos están preparados, ni un segundo antes o después.

Tu tercer paso en este proceso de aprender una actitud mental positiva es atreverte a explorar el poder ilimitado de tu mente. Si estás entre los afortunados que utilizan el diez por ciento de tu poder mental, todavía tienes un noventa por ciento esperándote para que lo explotes. Tu actitud mental positiva te permite el uso de tu poder mental ilimitado. Te has puesto limitaciones que solo están en las telarañas de tu mente. Posees las capacidades mentales para hacer todo lo que otros ya hicieron, incluyendo algunas de las cosas hechas por los genios. Solo tienes que proponértelo, educarte, enfocarte y hacerlo parte de tu destino sobre esta tierra. "Para el que cree, nada es imposible", dijo Jesucristo, quien lo demostró con su vida. Y todavía más: puedes hacer cosas que nadie ha hecho todavía, y ser pionero. Fue el mismo Jesucristo quien dijo que "Ustedes harán cosas mayores que las que yo he hecho...". Atrévete a explorar todas las posibilidades de tu poder mental. Capacítate y adquiere los conocimientos y las destrezas que se requieren. Luego lánzate a conquistarlo con sabiduría e inteligencia, no con tus emociones temporeras.

Tu cuarto paso en el aprendizaje de una actitud mental positiva es la de que no te enfrentas a un problema, sino que posees una oportunidad y reto en cada situación y circunstancia que se te presente en la vida. Si fracasas varias veces no significa que estás derrotado (a). Por el contrario, eso significa que estás más cerca del éxito. Cada problema que la vida que te ofrece es una oportunidad para que empieces de nuevo, con nuevas perspectivas y percepciones e ideas. Es decir, con las posibilidades de tener éxitos y triunfos, porque ahora posees más conocimientos y entendimiento espiritual a tu favor.

Tu quinto paso en la adquisición de una actitud mental positiva es que desarrolles una obsesión por la excelencia. Tienes que evitar la mediocridad en tus quehaceres de la vida. Busca la excelencia y aplícala en el logro de la vida de tus sueños.

Tu sexto paso en este proceso de aprender una actitud mental positiva es que tienes que despertar el gigante que tienes dentro de ti. En algún momento permitiste que ese gigante se durmiera. Te llegó la hora de despertarlo y de tomar acción positiva hacia el cumplimiento de la vida de tus sueños.

Capítulo XI

¡Tus pensamientos financieros contienen la energía del dinero!

La energía del dinero es la tercera energía más poderosa que posees. Las energías de tus pensamientos y de tu sexualidad las tienes dentro de ti. La energía del dinero está fuera de ti. No menosprecies ni infravalores el poder de la energía del dinero. Usando sabiamente la energía del dinero, puedes hacer de tu vida un paraíso o un infierno literalmente.

(Una versión de este capítulo es parte del libro *Recetas para sanar tu corazón: Principios simples para vivir la vida,* escrito por este mismo autor.)

Cuando te regalaron este milagro de la vida, viniste a la tierra sin una sola idea del poder de la energía del dinero. Probablemente durante los primeros cinco a ocho años de tu vida sobre esta tierra, el poder de la energía del dinero te era desconocido. Un día, que a lo mejor lo recuerdes, descubriste que el dinero era una energía poderosa. Supiste que los juguetes que disfrutabas dependían de esta energía. Y que además, las ropas que te ponías, los alimentos que podías comer, el lugar donde vivías, la escuela donde asistías, los amigos que tenías, los lugares donde podías ir, todos dependían grandemente de la energía del dinero. Un día entendiste que el poder de la energía del dinero hacía marcadas diferencias entre los seres humanos. Y que los humanos que poseían más de esta energía podían disfrutar una mejor vida. Estos humanos vivían en los mejores lugares, se educaban mejor, disfrutaban de cosas más finas y delicadas de la vida, compraban los mejores vehículos, vivían en las mejores casas, tenían los mejores trabajos, comían en los lugares más finos y caros, vestían las ropas más exquisitas y exclusivas, viajaban a otros lugares de vacaciones y por placer y parecían seres más felices y complacidos con la vida.

Este fue un gran descubrimiento el que existe, a cualquier edad que lo hayas hecho. Tienes que utilizar este descubrimiento para tu beneficio. Tienes que permitir que este descubrimiento te lleve por el camino correcto en el manejo apropiado de la energía del dinero. Si usas o has usado este descubrimiento inapropiadamente para herirte, llenarte de amarguras, resentimientos, vergüenzas, culpas, temores, envidias, dudas y rencores en relación a la energía del dinero, tienes que sanarte ahora. No puedes darte el lujo de estar y vivir enfermo (a) respecto a la energía del dinero. El precio que pagas por esa enfermedad es muy alto. La energía del dinero posee el poder para que hagas de tu vida un paraíso, si la usas sabiamente. La energía del dinero tiene el poder para que hagas de tu vida un infierno, literalmente, si la usas sin inteligencia. A lo mejor ya tú sabes por experiencia propia el poder de esta verdad.

Probablemente hayas aprendido creencias e ideas erróneas y perniciosas acerca de la energía del dinero. Tienes que aplicarte a desaprender estas ideas y creencias sobre la energía del dinero con urgencia, persistencia y desvelo.

Lo primero es que tienes que romper con el mito de que de la energía del dinero no se habla. No puedes hacer de este tema un tabú en tu vida. Rompe con el tabú y deshaz el mito en tu vida diaria. Habla sin miedo, vergüenza ni culpa de la energía del dinero. Esta es tu primera tarea y tienes que dedicarte a ella con ahínco, valor, coraje, determinación y pasión. Todas las personas que han aprendido a usar la energía del dinero apropiada, sabia e inteligentemente y para el bienestar de sus vidas, hablan de ella sin tapujos y con claridad meridiana. Si hablar de la energía del dinero te hace sentir incómodo (a), revísate y examina tus ideas y creencias sobre esta poderosa energía. Probablemente esas creencias e ideas que tienes acerca de la energía del dinero te están haciendo daño. Y te están impidiendo alcanzar tu potencial financiero sobre esta tierra. No permitas, bajo ninguna circunstancia, que hablar de la energía del dinero sea una tabú y mito para ti.

Empiezo por decirte que no viniste a esta tierra a ser financieramente miserable e insolvente. Ni tú, ni la familia que decidas traer a esta tierra. Y no debes traer una familia a esta tierra, hasta que seas lo suficientemente solvente financieramente. Y además, que seas una persona financieramente solvente es más de que simplemente sobrevivas. Como ser humano que eres, tu sobrevivencia está asegurada, y no deberías luchar a muerte para sobrevivir sobre esta tierra y en el universo. Hay macroideas sociales que te han enseñado que eres un ser débil, pobre, inadecuado, carente, por lo tanto, viniste a esta tierra a sufrir, a ser infeliz y pobre, a sobrevivir y a ser miserable hasta "que mueras". La idea del autor en este libro es diferente a esa. Eres un ser espiritual con origen divino, por lo tanto, mereces la mejor vida posible sobre esta tierra. Para los seres humanos, y tú eres un ser humano a plenitud, sobrevivir no se encuentra en los planos de la divinidad. Eres un ser espiritual con origen divino. El universo es infinito, y como un ser espiritual y parte esencial del universo, no puedes meramente sobrevivir. La sobrevivencia te está garantizada. Pero tú eres un ser excelentemente divino. No has venido a esta tierra a sufrir, sino a ser feliz.

Otras de las ideas y creencias dañinas y perniciosas sobre la energía del dinero, es la que enseña que el dinero es malo, es decir, que pertenece al diablo o a Satanás, no a Dios o lo divino. Te han enseñado esas ideas distorsionadas y perjudiciales, basadas en la mala interpretación del Libro Sagrado que dice que "El amor al dinero es la raíz de todo lo malo". Fíjate que el Libro Sagrado no dice que el "dinero" es la raíz de todo lo malo. Dice que el "amor al dinero". No hay nada malo en la energía del dinero, por lo contrario, hay mucho bien y bienestar. No es posible amar sanamente el dinero, pero sí es posible amar sanamente los beneficios que su uso nos proporciona en la vida. Libérate con urgencia y persistentemente de la falsa idea y creencia de que tener mucho de la energía del dinero y disfrutar de sus beneficios es malo, pecaminoso y que está en contra de las leyes de Dios y lo divino de donde tú procedes. Mientras más de la energía del dinero tienes en tu vida, más posibilidades tienes de estar cerca de Dios y lo divino, que es tu procedencia natural. Y más oportunidades se presentarán para servirte sobre esta tierra y hacer el bien y bendecir a otros seres humanos. No puedes realmente servir a Dios o lo divino siendo financieramente miserable e insolvente. Esto es una contradicción con la esencia de la abundancia divina y lo infinito del universo al que perteneces. Acepta toda la energía del dinero que llegue a ti y úsala para bendecirte y bendecir. La miseria e insolvencia económicas son una maldición, no una bendición. Eres un ser divinamente bendecido, y esta idea y creencia sobre la energía del dinero es incompatible contigo. Amasa contigo la mayor cantidad de la energía del dinero que puedas en tus pasos por esta tierra.

Otra idea muy popular sobre la energía del dinero es la que te dice que el dinero no es lo más importante en la vida. Por lo general, quienes te dan ese consejo o tienen mucho dinero o son financieramente insolventes. Hay algunas cosas que las puedes hacer sin pagar de tus bolsillos, pero es porque ya otros pagaron por ti. Respirar en una montaña es gratis, pero tienes que pagar para ir a la montaña a menos que vivas en ella. Y no es gratis vivir en una montaña. El aire que respiras en tu casa es gratis, pero tienes que pagar electricidad u otros tipos de amenidades para vivir en ella. Todo lo que haces en la vida tiene un precio que al final es financiero. No puedes viajar sin dinero a menos que alguien te cubra los gastos. No te casas o tienes una familia sin dinero. De hecho, ambos hechos son excesivamente caros financieramente. Trabajas para ganar dinero y poder vivir con el dinero que ganas. Estudias y haces una profesión para ganar dinero y ser exitoso. Ni siquiera puedes amar y recibir amor romántico sin invertir dinero para verte bien, vestir elegantemente, usar un buen perfume, impresionar con regalos amorosos y hacer sentir a la persona amada segura. Si eres un ser completamente insolvente en la vida tendrás muy pocas propuestas amatorias en la vida. Te será difícil practicar una religión consistente sin invertir algo de dinero para sostenerla, porque si no lo haces, no estarás nunca en el libro de membresía de tu religión. El dinero quizás no sea lo más importante en tu vida, pero asegúrate que en tu vida haya muy pocas cosas más importantes que el dinero.

Libérate de esa idea y creencia falsa de que el dinero no es lo más importante en la vida. No la necesitas porque ya tú sabes lo importante que es para vivir la vida que tú deseas y que mereces sobre esta tierra. Haz de la energía del dinero tu compañera y amiga de jornada por la vida. Y trátala bien, con respeto, admiración, valoración, cortesía y respeto.

Aquí hay otra idea y creencia sobre la energía del dinero muy popular: que el dinero no compra la felicidad. Existen muy pocas actividades sobre la tierra de las que haces cuando te sientes feliz que las pueda hacer sin dinero. Si quieres tener buen sexo con tu pareja tienes que invertir algo de dinero para acicalarte bien y mostrarte románticamente interesante y atractivo. Si eres feliz con el arte, tienes que invertir en la música, la pintura, la literatura, la lectura, el cine o cualquier otra forma artística de tu preferencia. Si eres feliz con el arte culinario, los viajes, los deportes o cualquier otra actividad, tienes que invertir en ellas para poder disfrutarlas.

Libérate de esa idea y creencia sobre la energía del dinero. Ya sabes que para hacer y disfrutar de las cosas que te hacen feliz tienes que comprarlas con la energía del dinero. La energía del dinero probablemente no compra tu felicidad, pero la mayoría de las cosas que haces para ser feliz tienes que comprarlas con ella.

Saca de tus ideas y creencias sobre la energía del dinero esta otra: que si vas a tener dinero, el dinero te llegará sin que lo busques. Eres responsable de atraer positivamente hacia ti la energía del dinero. De la misma manera que eres responsable del manejo de la energía de tus pensamientos y de tu energía sexual, lo eres con la energía del dinero. La energía del dinero no se unirá a ti por arte de magia. Tienes que hacer cosas para que ella te busque y te siga en la vida. Tú tienes el poder de atraerla hacia ti y de ahuyentarla de ti. Mira alrededor de ti y observa quienes atraen y mantienen la energía del dinero con ellos, y quienes la ahuyentan de sus vidas. Dedícate a estudiar los patrones que la energía del dinero sigue. Porque tienes que practicar cosas específicas para atraer y mantener la energía del dinero a tu favor. Si usas la energía del dinero sabiamente, ella tiene el poder de llevarte al paraíso terrenal; si utilizas la energía del dinero irreverentemente, ella posee el poder para lanzarte al infierno terrenal directamente.

Algunas ideas y creencias correctas que necesitamos poseer acerca de la energía del dinero

La energía del dinero hay que apreciarla, aceptarla y valorarla sanamente. Las personas que atraen y retienen la energía del dinero en sus vidas la aprecian, aceptan y valoran. No la tratan como una "cenicienta" y pordiosera digna de lástima y conmiseración. Hablan de ella con respeto y admiración. Tienen sentimientos y conductas hacia ella que indican claramente que están frente a alguien muy importante en sus vidas. Honran y admiran su poder y aprenden y practican sus principios. Cuidan sus créditos como a "las niñas de sus ojos". Compran la mayoría de las cosas cotidianas en efectivo, no a crédito. Solamente utilizan sus créditos para incrementarlos mediante inversiones sanas y evaluadas. Si andan con dinero en efectivo en sus carteras, lo mantienen ordenado y limpio. Mantienen una relación especial, mutuamente satisfactoria con ella. La energía del dinero es su amiga especial que nunca traicionan, sino que se mantienen leales a ella.

La energía del dinero hay que ahorrarla y no malgastarla. Si vamos a tener una relación saludable con la energía del dinero tenemos que aprender, bien temprano en la vida, a ahorrarla, no malgastarla. La forma física de la energía del dinero es el símbolo de intercambio y compra de los países. Tenemos que ahorrar al menos el diez por ciento de todos nuestros ingresos y entradas de dinero físico. Y tenemos que hacerlo de manera sistemática, consistente y sin excusas. Esta es la forma de pagarnos primero a nosotros con nuestros ingresos sin importar de donde vengan. Esta es la primera manera como ahorramos la energía del dinero y nos aseguramos que siga con nosotros mientras mantengamos este hábito en nuestras vidas. Luego tenemos que ahorrar para otras metas u objetivos que tengamos: comprar una casa, un vehículo, unas vacaciones, la educación de los hijos. Tenemos que ahorrar para emergencias e imprevistos en la vida: perder el empleo, enfermarse. El principio fundamental de la energía del dinero es ahorrarla, no malgastarla. Lo que malgastamos se acaba y se aleja de nosotros. Lo que ahorramos lo retenemos con nosotros.

La energía del dinero hay que invertirla. Tenemos que aprender a hacer inversiones seguras y pocas riesgosas de la energía del dinero. La idea de la inversión es aumentar la energía del dinero con mayor rapidez. Las personas que aprenden a invertir la energía del dinero con sabiduría e inteligencia, logran alcanzar una relación especial con la energía del dinero: que el dinero trabaje por ellas, no ellas trabajar por el dinero.

Como todas las otras energías, la energía del dinero hay que aprender a usarla, manejarla y disciplinarla con sabiduría e inteligencia. No nacemos con los conocimientos y destrezas que necesitamos para manejar la energía del dinero con disciplina, sabiduría e inteligencia. Tenemos que aprender esos conocimientos y destrezas. Y tenemos que invertir tiempo y recursos para obtener este aprendizaje. Esta es la mejor inversión que podemos hacer en la vida.

Un componente crucial de la energía del dinero en el mundo de hoy es el crédito. No saber utilizar tu crédito apropiadamente, es como no saber usar tus manos, tus pies, tus oídos, tu boca y tus ojos apropiadamente. Si dañas tu crédito, estás perjudicando el sesenta por ciento de tus oportunidades sobre esta tierra. Un crédito excelente es la puerta que te abre oportunidades de inversión de la energía del dinero. Y recuerda, que tu objetivo final con el uso sabio e inteligente de la energía del dinero es llegar a un punto en tu vida, en el cual tu dinero trabaje por ti, no tú trabajar por el dinero. Cuida y protege tu crédito como a las niñas de tus ojos. Debes aprender a hacerlo con ahínco, dedicación y pasión. No naces con este conocimiento contigo, pero está disponible para ti.

Aprende a usar la energía del dinero de los que han aprendido a manejarla con sabiduría e inteligencia, a quienes puedes distinguir por la vida que viven. Tus mejores maestros para enseñarte a utilizar la energía del dinero con sabiduría e inteligencia son las personas que ya han aprendido y practican este conocimiento y destreza en sus propias vidas. Tenlos como tus mentores, maestros y modelos. La energía del dinero bien utilizada te ofrece la posibilidad de darte la oportunidad de que tu vida sobre la tierra se parezca a un paraíso.

Capítulo XII

¡Practica en tu vida la ley de la atracción: energías similares se atraen, energías desiguales se repelen!

Primero tienes que ser lo que deseas atraer en tu vida. Las energías que atraes hacia ti son las mismas que posees. Si quieres atraer amor, tienes que vivir en amor. Tus energías positivas atraen otras energías positivas hacia ti. Eres un poder energético, y todo lo que haces está cargado de energías. Tú decides como las usa. Todo lo que hay en tu vida es un reflejo o espejo de la energía que posees en ti.

———————————✦———————————

(Una versión de este capítulo es parte del libro *Recetas para sanar tu corazón: Principios simples para vivir la vida,* escrito por este mismo autor.)

Cuando te regalaron el milagro físico de la vida sobre esta tierra, lo hicieron usando la segunda energía más poderosa que existe sobre esta tierra: la sexualidad. La energía sexual femenina de tu madre y la energía sexual masculina de tu padre se atrajeron mutuamente. Y de esa atracción y unión, naciste tú. La energía sexual del óvulo de tu madre atrajo la energía sexual de uno de los espermas de tu padre, se unieron, y así empezó ese proceso milagroso que te dio origen. Eres una entidad energética milagrosa. Antes de que las energías de tus progenitores se unieran físicamente, ya tú existías en las energías de sus pensamientos. Tú existías primero en la energía del pensamiento de tus padres cuando pensaron y decidieron tener sexo poseyendo ya las capacidades de procrear y traer una nueva vida a la tierra. Eres un ser espiritual con forma física. No tienes un cuerpo físico con un espíritu, eres un espíritu que posee un cuerpo físico para poder comunicarse en esta forma física de vida que elegiste vivir en esta tierra.

Todos nosotros estamos regidos por la ley de la atracción.

La ley de la atracción o karma energética es tan real en la vida como la ley de la gravedad. Ninguna de las dos son entidades físicas y tangibles que se pueden ver, tocar, palpar y oler. Pero sabemos que ellas gobiernan todo lo que existe en el universo.

Todo lo que existe está compuesto de alguna forma de energía. Los humanos somos y estamos compuestos de materias energéticas de diferentes grados y matices. Ya hemos hablado de las tres energías más poderosas e influentes: la energía del pensamiento, la energía del sexo y la sexualidad y la energía del dinero. Todo lo que los seres humanos sentimos, pensamos, hablamos, percibimos y hacemos está compuesto de alguna forma de energía. Nuestras relaciones interpersonales están compuestas de energías, lo mismo que dormir, caminar, descansar, hablar, tener sexo, enamorarse, trabajar, pensar lo están.

Como esencialmente todo lo que hacemos y somos es alguna forma de energía, cuando nos relacionamos con alguien o algo nos estamos relacionando con su energía de manera mutua y recíproca. Y las energías similares se atraen, las diferentes se repelen.

Personas felices y con la energía de la felicidad atraen otras personas felices y con la energía de la felicidad hacia ellas. Personas infelices y miserables atraen personas con la energía de la infelicidad hacia ellas. Esta realidad la podemos observar con claridad meridiana en las formas como hacemos parejas románticas. Las personas deprimidas, pesimistas y tristes atraen parejas con esas mismas energías hacia ellas para formar parejas románticas. Las personas alegres y optimistas atraen parejas con esas energías para formar parejas románticas. Todos podemos observar las parejas felices porque los dos reflejan la energía de la felicidad. Lo mismo podemos decir de las parejas románticas infelices. Enamorarse y sentirse atraído románticamente es una energía con mucho poder. Por eso podemos ver claramente la realidad de la ley de la atracción dentro de las relaciones románticas. Lo mismo sucede con las relaciones de amistad.

No podemos evitar ni evadir la ley de la atracción en nuestras relaciones humanas. Eso sería como tratar de evadir y evitar la ley de la gravedad. Lo que sí podemos es estar consciente de ella. Particularmente tenemos que incrementar nuestra consciencia del poder y la influencia de la ley de la atracción con respecto a las siguientes actividades de nuestras vidas.

Tenemos que poseer una alta conciencia del poder de la ley de la atracción en nuestras interacciones y relaciones románticas y de amistad. ¿Estamos atrayendo hacia nosotros el tipo de personas que deseamos en nuestras relaciones románticas y de amistad? Si no es así, tenemos que dedicarnos a "limpiar" nuestras propias energías. Somos nosotros los que atraemos esas energías románticas y de amistad hacia nosotros. Por lo general, las atraemos porque necesitamos aprender algo de ellas. Nuestros compañeros románticos y de amistad son poderosos maestros para nosotros. Si llegan a nosotros, es porque tienen algunas lecciones que enseñarnos en esa fase de nuestras vidas. Tenemos que aprender las lecciones y seguir adelante. Si tenemos una alta conciencia en esta área, no nos quedaremos estancados en una relación nociva e infructuosa más allá del tiempo necesario para aprender lo que teníamos que aprender en ella.

Debemos tener una alta conciencia del poder de la ley de la atracción en relación a la energía del pensamiento. Todo lo que creamos en nuestras vidas, física y tangiblemente, primero existe en forma espiritual e intangible en nuestros pensamientos. Todo lo que pensamos de manera consistente como un hábito y creencia, se transforma en una realidad tangible y física en nuestras vidas. La energía del pensamiento es la energía creativa y creadora más poderosa que poseemos. Nuestros pensamientos no son "meros secretos mentales" que nadie más sabrá que los estamos pensando, excepto nosotros. Todos nuestros pensamientos en algún momento se hacen públicos cuando se convierten en realidades tangibles que todos podemos ver y tocar. Hasta el día de la fecundación, nosotros éramos "meros pensamientos sexuales" en las mentes de nuestros padres. Esos pensamientos sexuales se hicieron tangibles y físicos, y aquí estamos nosotros hoy hechos entidades físicas y tangibles. Y mucho antes de eso, éramos parte de la historia de la divinidad.

Tenemos que poseer una alta conciencia del poder de la ley de la atracción con respecto a nuestra energía del sexo y la sexualidad. Sin esta alta conciencia, podemos manifestar esta poderosa energía de manera animal, instintiva, irracional y sin el sentido y contenido espiritual que ella posee en sí misma. Nuestra energía sexual posee componentes de curiosidad, novedad, placer y de crear nuevas vidas. Tenemos que desarrollar una alta conciencia de cada uno de estos componentes de la energía sexual. Solo así podemos manifestar y disfrutar de esta energía con balance, armonía y sincronía con la ley de la atracción que rige el universo del cual somos partes esenciales.

Tenemos que poseer una alta conciencia de la ley de la atracción en relación a la energía del dinero. Ya tratamos este tema en este libro, pero no podremos sobre enfatizar nunca la importancia e influencia de esta energía en nuestras vidas. Solamente podemos atraer hacia nosotros personas con una alta dosis de la energía del dinero, si nosotros poseemos una alta dosis de la energía del dinero. Las energías similares se atraen mutuamente, las energías diferentes se repelen mutuamente. La energía del dinero manifiesta esta realidad polar más que ninguna otra forma de energía. Tenemos que crear y mantener con nosotros mucha energía del dinero, para seguir atrayendo hacia nosotros más energía del dinero.

Eres una entidad energética que contiene y manifiesta esencial e intrínsecamente todas las formas de energía. Tienes que desarrollar una alta conciencia de que esta es tu realidad humana y la de todos los seres con los que actúas sobre la tierra.

Practica en tu vida diaria una alta conciencia de la ley de la atracción: energías similares se atraen, energías diferentes se repelen. Esta conciencia te ayuda a entender tus propios niveles de energías al observar las diversas y diferentes energías que atraes. Tú atraes las mismas energías que eres y posees. Tus relaciones con otras personas son tu espejo.

Algunas de las obras consultadas para escribir este libro.

Los siguientes autores han influido grandemente en mis ideas y creencias para escribir este libro. Expreso una enorme gratitud hacia ellos. Muchos de sus libros están traducidos al español.

Allen, James: *As a man Thinketh*

(He leído este libro más de 50 veces, y lo sigo leyendo. Es literalmente una joya.)

Caroline Myss

He leído todos los libros publicados por esta autora. Ella tiene un don especial para sanar todo lo que toca.

Algunos de sus libros son:

Anatomy of the spirit: The seven stages of power and healing.
Why people don't heal and how they can.
Secret contracts: Awakening your divine potential.

Jack Canfield

Todos sus libros son joyas de lectura. Muchos de ellos están traducidos al español. Algunos son:

*La serie Chicken soup for the soul, ha vendido millones de ejemplares en todo el mundo y con razón.
*The Aladdin factor: How ask for for and get anything you want in life.
*The success principles: How to get from where you are to where to You want to be.
*Dare To win.

Louise L. Hay

He leído todos sus libros publicados.

Algunos de sus libros más poderosos son:

*You can heal your life
*Life: Reflections on your journey
*Heal your body
*Love your body
*The power is within you
*You can heal your body

Marsha Sinetar

Sus libros son realmente inspiradores. Algunos son:

*Do what you love, the money will follow
*To build the life you want, create the work you love
*Living happy ever after
*Ordinary people as monks and mystics
*Reel power
*A way without words
*Developing a 21st Century mind

The creation of health
AIDS-The passageway to transformation

Napoleon Hill y W. Clement Stone

La lectura de sus libros despierta tu alma si la tienes dormida. Muchos de ellos están traducidos al español. Algunos de sus libros son:

*Success through a positive mental attitude
*Think and grow rich
*Napoleon hill's key to success: The 17 principles of personal achievement
*The success system that never fails

Stephen R. Covey

La lectura de sus libros te eleva al nivel de vida más alto en la escala humana del éxito. Muchos de sus libros están traducidos al español. Algunos son:

The seven habits of highly effective people
First things first
Principle-centered leadership
The 8th habit: From effectiveness to greatness
The 3th alternative: Solving life's most difficult problems

Dr. Wayne W. Dyer

Todos sus libros son excelentes. La mayoría están traducidos al español. Algunos de sus libros son:

El poder de la intención
Your secret self
Everyday wisdom
Staying on the path
What do you really want for your children?
Real magic
The secret of manifesting your destiny
Manifest your destiny
A promise is a promise
The sky's the limit
Staying on the path
You'll see it when you believe it
There is a spiritual solution to every problem
Your erroneous zones

Otros autores que influyeron en la escritura de este libro son siguientes:

-**A Course in Miracles**: *Inner peace foundation*

-**Abraham Maslow**: *Toward a psychology of being*

-**Bernie Siegel**: *Love, medicine and miracles; Peace, love and healing* (todos sus libros son buenas lecturas)

-**Bill O'hanlon**: *Pequeños grandes cambios: Diez maneras sencillas de trasformar tu vida*

-**Brian Weiss**: *Through time into healing*

-**Baba Ram Dass**: *Be here now*

-**Byron Katie**: *Loving what is: Four questions that can change your life*

-**Brian Tracy**: *The psychology of selling* (otros libros de su autoría)

-**Barbara De Angelis**: *Confidence; How did i get here?*

-**Ben Stein**: *The gift of peace*

-**Claude M. Bristol**: *The magic of believing*

-**Carlos Castaneda**: *The fire from within*

-**Clarissa Pinkola Estes**: *Women who run with wolves: Myths and stories of the wild woman archetype*

-**C. G. Jung:** *The structure and dynamics of the psyche*

-**Charles. A. Coonradt:** *The game of work: How to enjoy work as much as play; Scorekeeping for success; Managing the obvious: How to get what you want using what you know*

-**David Gershon y Gail Straub:** *Empowerment: The art of creating your life as you want it*

-**Deepak Chopra:** *Ageless body, Timeless mind; The seven spiritual laws of success* (otros libros de su autoría)

-**David Schwartz:** *The magic of thinking big*

-**Dale Carnegie:** *How to win friends and influence people*

-**David Visconti:** *The language of feelings*

-**Dharma Singh Khalsa:** *The new golden rules*

-**Dale Matthews and Connie Clark:** *The faith factor*

-**Daniel Coleman:** *Emotional intelligence*

-**Erick Fromm:** *El arte de amar*

-**Edward deBono:** *Tactics: The art and science of success; Lateral thinking; The happiness purpose; Atlas of management thinking; Serious creativity*

-**Eckhart Tolle:** *The power of now: A guide to spiritual enlightenment* (otros libros de su autoría)

-**Edwin C. Bliss**: *Getting things done; Doing it now*

-**Esther and Jerry Hicks**: *Ask and it is given*

-**Gerald Jampolsky**: *Love is letting go of fear* (todos sus libros son excelentes)

-**George Meek**: *Healing and healing process*

-**Gregg Levoy**: *Callings: Finding and following and autehntic life*

-**Harlet Lerner**: *El miedo y otras emociónes indeseables*

John Bradshaw: *Discovering the child within*; (otros libros de su autoría)

-**Iyanla Vanzant**: *Acts of faith; In the meantime; One day my soul just opened up yesterday, I cried*

-**Joan Borysenko**: *Fire in the soul; minding the body, Mending the mind; Guilt is the teacher, Love is the lesson*

-**Jane Roberts**: *The nature of personal reality*

-**James Allen**: *As a man think*

-**Jim Brickman and Cindy Pearlman**: *Simple things*

-**Julia Cameron**: *The artist's way: A spiritual path to higher creativity*

-**John O'Donohe**: *Anam Cara*

-**Ken Keyes, Jr.**: *Handbook to higher consciousness*

-**Keith D. Harrel:** *Attitude is everything for success*

-**Leo Buscaglia:** *Vivir, amar y aprender; Ser persona*

-**Larry Dossey:** *Healing words* (Todos sus libros son excelentes lecturas)

-**Lionel Tiger:** *Optimism: The biology of hope*

-**Les Brown:** *The power of purpose*

-**Lee Pulos:** *The power of visualization*

-**Marianne Williamson:** *A return to live* (y otros de sus excelentes libros)

-**Martin E. P. Seligman:** *Learned optimism*

-**Norman Vincent Peal**e: The power of positive thinking

-**Nathaniel Branden:** *The six pillars of self-esteem; The psychology of self-esteem; How to raise your self-esteem; The power of self-esteem*

-**Pat Mclagan:** *El cambio es cosa de todos*

-**Phillip C. McGraw:** *Life strategies: Doing what works, Doing what matters*

-**Patti Digh:** *Life is a verb*

-**Roy Masters:** *How your mind can keep you well*

-**Rollo May:** *Courage to create*

-**Rita Emmett:** The procrastinator's handbook: Mastering the art of doing it now

-**Richard Carlson:** *Don't sweat the small stuff...and It's all small stuff: Simple ways to keep the little things from taking over your life*

-**Shakti Gawain:** *Creative visualization; Living in the light*

-**Susan Jeffers:** *Feel the fear and do it anyway; Thoughts of power and love*

-**Scott M. Peck:** *People of the lie: The hope for healing human evil; The road less traveled*

-**Tony Buzan:** *Making the most of your min* (Todos sus libros son excelentes lecturas)

Acerca del autor

Héctor Williams Zorrilla es psicólogo, trabajador social, educador de la salud y escritor. Ha viajado por varias partes del mundo como conferencista invitado para hablar de los temas de sus libros.

Está casado con Clemencia Zorrilla, con quien ha escrito dos libros: *Recetas para enriquecer tu matrimonio: Como mantener las llamas del amor, y Recetas para enriquecer tu vida sexual: Como disfrutar de tu sexualidad en el matrimonio.* Todos sus libros pueden adquirirse en www.amazon.com en cualquier parte del mundo.

Héctor Williams estudió Psicología Clínica en la UASD, en la República Dominica, su país de origen. Fue fundador del Centro Especializado de Psicología Aplicada (CEPSIA), en el que se desempeñó como director ejecutivo hasta que emigró a los Estados Unidos, en 1989. Por medio de CEPSIA, impartió docenas de seminarios, talleres, conferencias; además de cursos de educación continua en INTEC y otras universidades.

En los Estados Unidos, Héctor Williams continuó sus estudios universitarios, y posee grados en Psicología, Maestría en administración de Salud Mental, Post-maestría en Consejería Familiar y Liderazgo de CUNY y de Cornell University.

En los Estados Unidos, Héctor Williams ha ejercido posiciones como consejero familiar, supervisor de consejeros y trabajadores sociales, director de programas de trabajos sociales y de salud mental y asesor de programas para la ciudad de Nueva York, educador de la salud para el Estado de Florida, entre otros.

©El árbol de tu vida
(Tu mente es el terreno, tus pensamientos son las semillas)

Autor: Héctor Williams Zorrilla

Se efectuó el depósito de ley en la Biblioteca del Congreso de los Estados Unidos. Washington, D.C.

www.hectorwilliamszorrilla.com

hectorwzorrilla@gmail.com

©Library of Congress of United States of America

PRIMERA Edición – Julio 2013
United States of America

Cubierta Flexible: ISBN 978-0-9841897-7-9

© 2013 PUBLICACIONES LIVING MISSION MINISTRIES, INC.
HÉCTOR WILLIAMS ZORRILLA
UNA MISIÓN PARA VIVIR, INC. (MIPAV)

hectorwzorrilla@gmail.com

Si deseas comunicarte con el autor de este libro para comentarios, preguntas, sugerencias, hazlo desde su página o en su e-mail:

www.hectorwilliamszorrilla.com

hectorwzorrilla@gmail.com

El árbol de tu vida
Tu mente es el terreno, tus pensamientos son las semillas.

¿Qué tipo de semillas o pensamientos estás sembrando en el terreno de tu mente?

El árbol de tu vida crece en el terreno de tu mente, como producto directo de las siembras de las semillas de los pensamientos que tú haces en ese terreno. Los frutos de esas siembras los cosechas ineludiblemente. La vida que vives hoy, es el árbol que contiene los frutos de todos los pensamientos que has sembrado en el pasado. La vida que vivirás mañana, será el árbol que contenga los frutos de todos los pensamientos que estás sembrando ahora. Esta es la ley primaria de los pensamientos y de la vida, no importa que tú creas en ella o no. Como la ley de la gravedad, la ley de los pensamientos se ejecuta en tu vida diaria a pesar de tus creencias conscientes o inconscientes.

Las mayorías de las creaciones que haces con tus pensamientos son inconscientes. Por eso cuando las ves materializadas en tu vida real no te gustan. Porque has creado cosas en tu vida que no deseas que estén en ella. Tú tienes el poder creador de crear cosas que tú deseas tener en tu vida y de crearlas conscientemente.

Eres literalmente lo que piensas acerca de ti, tu vida, las personas que te rodean, y la vida en general. Por eso es muy importante que, constante y conscientemente te hagas la pregunta: ¿qué tipo de semillas o pensamientos estoy sembrando en el terreno de mi mente?

Este libro te enseña a sembrar los pensamientos que deseas sembrar en el terreno de tu mente de manera sencilla y clara. El árbol de tu vida producirá los frutos que realmente deseas disfrutar en tu vivir cotidiano. Te aseguro que después de leer este libro varias veces, el árbol de tu vida producirá solamente los frutos que deseas disfrutar en ella. Tú mereces gozar de la mejor vida posible sobre esta tierra. Tú posees el poder de sembrar y cultivar el árbol de tu vida que mejor se adecúe la vida que realmente deseas vivir. La lectura de este libro te enseña cómo hacerlo.

El árbol de tu vida

www.ingramcontent.com/pod-product-compliance
Lightning Source LLC
Chambersburg PA
CBHW061746020426
42331CB00006B/1373